SONDERSCHRIFT DES IFO-INSTITUTS FÜR WIRTSCHAFTSFORSCHUNG

Nr. 25

IFO-INSTITUT FÜR WIRTSCHAFTSFORSCHUNG

Öffentliche Investitionen und Wirtschaftswachstum

Vorschlag für eine antizyklische Vergabe
öffentlicher Investitionsaufträge

Von

Eduard Werlé

DUNCKER & HUMBLOT / BERLIN-MÜNCHEN

Alle Rechte vorbehalten
© 1960 Duncker & Humblot, Berlin
Gedruckt 1960 bei Berliner Buchdruckerei Union GmbH., Berlin SW 61
Printed in Germany

Inhalt

Einleitung 7

A. Ist das Krisenproblem in der freien Marktwirtschaft lösbar? Welche Möglichkeiten bestehen für eine Politik des ungestörten Wachstums ohne Inflation? 7

B. Wie lassen sich die öffentlichen Investitionen konjunkturpolitisch steuern? 23

C. Ist eine konjunkturpolitische Steuerung der öffentlichen Investitionen der öffentlichen Hand zuzumuten? 27

D. Wie könnte eine Politik eines störungsfreien, optimalen Wirtschaftswachstums durch Steuerung der öffentlichen Investitionen auch für die Koordinierung der Konjunkturpolitik der westlichen Länder genutzt werden? 28

E. Liegt die hier vorgeschlagene Steuerung der öffentlichen Investitionen auch im Interesse der privaten Unternehmer? 29

Anlagen 31

Vortrag von Dr. Eduard Werlé, Vorstandsmitglied des Ifo-Instituts, auf der 11. ord. Mitgliederversammlung des Ifo-Instituts für Wirtschaftsforschung am 24. Juni 1960 in München

Einleitung

Der Existenzkampf zwischen Osten und Westen, der unsere Geschichtsepoche beherrscht, verlagert sich immer sichtbarer auf den wirtschaftlichen Schauplatz. Chruschtschows Forderung nach totaler Abrüstung und seine Kampfansage an die kapitalistischen Länder: „Wir werden euch im Wirtschaftswachstum in naher Zukunft überrunden", sind dafür charakteristisch. Daran wird auch das Fiasko der Pariser Gipfelkonferenz auf längere Sicht kaum etwas ändern. Die herausfordernde Art, in der Chruschtschow die Pariser Gipfelkonferenz zum Scheitern brachte, machte nur deutlich, mit welcher Entschiedenheit und Härte der Kommunismus den Kampf um die Ausbreitung seines Machtbereichs künftig zu führen gedenkt. Nach wie vor dürfte er aber dabei die Risiken militärischen Vorgehens soweit wie möglich vermeiden und den wirtschaftlichen Wettkampf vorziehen. Chruschtschows allerneueste Ankündigung eines 20-Jahresplanes für die wirtschaftliche Entwicklung Sowjetrußlands bestätigt diese Ansicht.

Demnach brauche ich nicht zu fürchten, daß mein Thema, das sich ja mit der Frage befaßt, wie das Wachstum in der Marktwirtschaft optimiert werden kann, als unaktuell empfunden wird.

A. Ist das Krisenproblem in der freien Marktwirtschaft lösbar? Welche Möglichkeiten bestehen für eine Politik des ungestörten Wachstums ohne Inflation?

1. Im Zeitalter des Sputniks ist es wohl einzusehen, daß die Entscheidungen in dieser Welt nicht im Raum des Materiellen, ja, nicht einmal in dem der Politik, sondern im geistigen Raum getroffen werden, also auf dem Gebiete des Forschens, des Erkennens und der daraus geborenen konstruktiven Ideen.

2. Gegenüber dem Phänomen der Konjunkturen und Krisen, mit dem ich mich heute auseinanderzusetzen habe, ist merkwürdigerweise — oder war wenigstens bis vor gar nicht langer Zeit — auf beiden

Seiten ein gemeinsamer geistiger Ausgangspunkt gegeben. Die Kommunisten sind überzeugt, daß Krisen schicksalhaft mit der Marktwirtschaft verbunden seien, ja, daß die Marktwirtschaft an diesem nicht zu bewältigenden Problem schließlich scheitern müsse. Folgerichtig haben sie nach dem ersten Weltkrieg in Rußland ein bis in alle Einzelheiten geplantes System der staatlichen Zwangswirtschaft eingeführt. Dieses System haben sie inzwischen auf einen großen Teil der östlichen Welt ausgedehnt. Sie bemühen sich gegenwärtig darum, ihr Rezept des Wirtschaftswachstums auch den Entwicklungsländern gegen deren Wachstumsschmerzen zu empfehlen.

3. Auf der anderen Seite haben auch die Vertreter des westlichen marktwirtschaftlichen Gedankengutes noch bis zur Weltwirtschaftskrise — also vor nunmehr erst 30 Jahren — Konjunkturen und Krisen als ein mit dem Wachstum der Marktwirtschaft notwendigerweise verbundenes Phänomen betrachtet. Sie haben — auch ihrerseits folgerichtig — jeden Eingriff in diese „Selbstheilungskräfte des marktwirtschaftlichen Automatismus" als eine Störung und als Ursache für eine unnötige Verlängerung der Krisen angesehen. Für sie waren die heftigen Schwankungen von Produktion, Beschäftigung, Preisen und Einkommen noch eine Selbstverständlichkeit (vgl. Anlagen 1 und 2).

Es ist ein weiter Weg von der gläubigen Hinnahme der wie ein Naturgesetz empfundenen starken Schwankungen von Beschäftigung und Preisen bis zu dem Postulat eines störungsfreien Wirtschaftswachstums, das immer mehr mit der Forderung nach stabilen Preisen verbunden wird.

Nach dem überzeugenden Mißerfolg des Experimentes Brüning, die Bereinigung der Weltwirtschaftskrise im Deutschen Reich grundsätzlich den Selbstheilungskräften zu überlassen, dürfte wohl heute niemand mehr das Bedürfnis haben, ein solches Experiment zu wiederholen. Soweit man damals eingriff, hat man durch offenbare Kunstfehler, wie Lohn- und Gehaltskürzungen und Steuererhöhungen, die Krise nur verschärft. Es ist dies ein eindrucksvolles Beispiel dafür, daß die Chancen der Konjunkturpolitik so gut oder so schlecht sind wie die Erkenntnisse, die ihr von der Forschung zur Verfügung gestellt werden. Die Quittung für diese geistige Fehlleistung war damals die Machtübernahme durch den Nationalsozialismus. Es ist wohl keine Frage, welcher „Ismus" diesmal eine solche Fehlleistung — sollte sie wiederholt werden — liquidieren würde.

Es ist deshalb wohl nicht übertrieben, zu sagen, daß das Schicksal der freien Marktwirtschaft — übrigens auch das der parlamentarischen Demokratien — davon abhängen wird, ob das Phänomen der Konjunkturen und Krisen im Rahmen einer freiheitlichen Marktwirtschaft gelöst werden kann. Mit anderen Worten: Ob wir die Methoden für eine Konjunkturpolitik finden werden, die das Wirtschaftswachstum gleicherweise von depressiven oder boomartigen wie von deflationistischen oder inflationistischen Entartungen freizuhalten geeignet sind.

4. Erst die katastrophalen sozialen und politischen Folgen der Weltwirtschaftskrise ließen die Erkenntnis wachsen, daß eine aktive Konjunkturpolitik notwendig und möglich sei.

5. Das Ziel dieser Konjunkturpolitik war zunächst verständlicherweise überall die Vollbeschäftigung der nationalen Volkswirtschaften. Die Massenarbeitslosigkeit während der Weltwirtschaftskrise war ja die alarmierendste Erscheinungsform der Krise.

6. Die damals entwickelte nationale autonome Arbeitsbeschaffungspolitik konnte natürlich — sollte sie nicht sehr bald an Zahlungsbilanzschwierigkeiten scheitern — nur im Rahmen einer nach außen defensiven „Konjunkturpolitik" betrieben werden. Man benutzte dazu die Zoll- und Kontingentspolitik, die Devisenbewirtschaftung sowie die bilateralen Handels-, Verrechnungs- und Zahlungsabkommen. Daher kehrten sich im Laufe der Weltwirtschaftskrise alle westlichen Länder von den bis dahin allgemein anerkannten Spielregeln der Marktwirtschaft im zwischenstaatlichen Verkehr ab. Als Beispiel dafür sei die nationale Arbeitsbeschaffungspolitik im Deutschen Reich nach 1933 genannt, die von einem kunstvoll ausgebauten System der Autarkisierung begleitet war. Aber auch die übrigen westlichen Länder suchten ihr Heil in der Abschottung vom Weltmarkt, so z. B. Großbritannien für seine Einflußgebiete in dem 1931 in Ottawa eingeführten Empire-Preference-System.

Besonders bemerkenswert ist, daß sich der Kongreß der Vereinigten Staaten noch nach dem zweiten Weltkrieg, nämlich im Jahre 1946, mit überwältigender Mehrheit in dem Employment-Act einseitig zur Vollbeschäftigungspolitik ohne Rücksicht auf die weltwirtschaftlichen Folgen bekannte. Dieses Gesetz zeugt nach Burns[1], dem bekannten amerikanischen Nationalökonomen, von einem „revolutionären Umschwung des ökonomischen und politischen Denkens". Es verpflichtet die amerikanische Regierung, alle brauchbaren Mittel einzusetzen, um „wirtschaftliche Schwankungen zu verhindern oder zu mildern und maximale Beschäftigung, Produktion und Kaufkraft zu fördern".

---
[1] Burns, Arthur F., Prosperity without Inflation, Fordham University Press, New York, 1957.

Die allzu einseitig auf die Maximierung der eigenen Produktion — ohne genügende Rücksichtnahme auf die Spielregeln einer marktwirtschaftlichen Verflechtung der freien Welt — ausgerichtete Einstellung der USA dürfte es auch schwierig machen, den Gegensatz zwischen EWG und EFTA in einer atlantischen Zollunion aufzulösen. Das allein aber würde der Logik einer Weltmarktwirtschaft entsprechen.

7. Die Vollbeschäftigungspolitik war, wie sich zeigte, zwei Gefahren ausgesetzt:

   a) der inneren Geldwertverschlechterung bei Überforderung des Wachstumspotentials,

   b) dem Verfall des äußeren Geldwertes, wenn durch übertriebene und durch Ausfuhrerlöse oder Devisenreserven nicht zu bezahlende Einfuhren das Zahlungsbilanzgleichgewicht gefährdet wird.

8. Die Erfahrungen einer einseitig auf Vollbeschäftigung ausgerichteten Zielsetzung führten dazu, daß man in dem Maße, in dem der Wiederaufbau der nationalen Volkswirtschaften nach dem zweiten Weltkrieg — übrigens mit USA-Hilfe — zu einer gewissen Gesundung geführt hatte, zunehmend auch mehr Wert auf die Wiederherstellung der inneren Geldwertstabilität und des Zahlungsbilanzgleichgewichtes legte und sich mit beachtlichem Erfolg um die Liberalisierung des Warenverkehrs und die freie Konvertibilität bemühte.

9. Diese Schwerpunktverlagerung in der konjunkturpolitischen Zielsetzung in einer wieder stärker integrierten Umwelt erfordert eine Berücksichtigung bei der Wahl der konjunkturpolitischen Instrumente. Anders als während der Weltwirtschaftskrise werden künftig Zölle, Kontingente, Devisenbewirtschaftung und andere Instrumente einer defensiven nationalen Konjunkturpolitik im Zuge der räumlichen Integration (z. B. EWG) und der Liberalisierungsvereinbarungen im Rahmen der OEEC und des GATT — weil der nationalen Kompetenz entzogen — immer weniger praktikabel.

10. Die Einsicht in die Notwendigkeit eines diesem Wandel entsprechenden Ausbaues des konjunkturpolitischen Instrumentariums ist erfreulicherweise überall im Wachsen. Professor Müller-Armack, der Promoter solcher Ideen in der Europäischen Wirtschaftsgemeinschaft, hat kürzlich dazu ausgeführt: „Die heutige internationale Kooperation bezieht sich auf Zölle, Kontingente, Diskriminierungen, Dumping, Devisenhilfen; sie bezieht sich aber nicht auf das, was die Staaten wie die Völker am internationalen Zusammenhang primär interessiert, die Frage des ungestörten, gesicherten

Wachstums" — und etwas später sagt er: „Was würde geschehen, wenn nur eine Rezession mittleren Ausmaßes in allen europäischen Ländern einträte? Es würde im gleichen Augenblick die einzelstaatliche, sich isolierende Konjunkturpolitik wieder ihr Spiel beginnen und Restriktionen und Inflationierung würden voranschreiten. Wir würden sehen, daß wir zwar genügend internationale Organisationen für kurz- und langfristige Kredite haben, aber nicht jenes konjunkturpolitische Instrumentarium, das erforderlich ist[2]."

Man kann mit gutem Grund hinzufügen, daß auch im Bereich der nationalen Wirtschafts- und Konjunkturpolitik die Entwicklung und Anwendung der jeweils optimalen Instrumente noch sehr viel zu wünschen übrig läßt und daß dabei das kreditpolitische Instrumentarium häufig überfordert wird. Es besteht Grund zur Sorge, daß im westlichen Lager über die möglichen konjunkturpolitischen Ziele wie über die verfügbaren oder heute noch verfügbaren Mittel zur Erreichung dieser Ziele keine Klarheit herrscht.

11. Welcherart können heute die Bestimmungsgründe einer Konjunkturpolitik sein?

Wie bei jeder Politik muß man zunächst einmal wissen, was man will, also welches Ziel man anstrebt. Dann muß man untersuchen, welche Mittel oder konjunkturpolitischen Instrumente zur Verfügung stehen, um dieses Ziel zu erreichen. Eigenartigerweise ist es außerdem notwendig, festzustellen, wer Träger der angestrebten Konjunkturpolitik sein kann und für welchen Bereich sie gelten soll.

a) Um gleich mit dem Letzten anzufangen, so ist es eindeutig, daß der Geltungsbereich jeder Konjunkturpolitik auf die Länder mit einem marktwirtschaftlichen Ordnungssystem beschränkt ist. Im kommunistischen Machtbereich wird die Wachstumspolitik durch staatlich dekretierte 5- oder 7-Jahrespläne geregelt. Nicht viel anders — nämlich ebenfalls durch staatliche Mehr-Jahrespläne — wird die Wachstumspolitik in den nichtkommunistischen Entwicklungsländern gehandhabt (z. B. in Indien).

b) Träger der Konjunkturpolitik können nur handlungsfähige Regierungen und Notenbanken sein. Solange noch nicht einmal die EWG über ein supranationales Wirtschafts- und Finanzministerium sowie über eine zentrale Notenbank der angeschlossenen Länder verfügt, kann in der gesamten westlichen Welt zur Zeit

---

[2] „Konjunkturpolitik auf multilateraler Basis" in „Offene Welt", Sondernummer „Gemeinsamer Markt", Nr. 62, Sept. 1959, Westdeutscher Verlag, Köln und Opladen.

nur nationale Konjunkturpolitik getrieben werden. Die EWG und OEEC können also zur Zeit die Konjunkturpolitik der einzelnen Nationalstaaten lediglich koordinieren, nicht aber eine eigene Konjunkturpolitik durchführen.

c) Als Ziel der nationalen Konjunkturpolitik ist heute wohl allgemein die Vollbeschäftigung anerkannt, soweit sie — mindestens langfristig gesehen — mit der Erhaltung des inneren Geldwertes und dem Ausgleich der Zahlungsbilanz vereinbar ist. Man nennt diese Kombination von Zielen das „magische Dreieck".

Da andererseits auch nach Erreichen der Vollbeschäftigung durchaus noch ein Wirtschaftswachstum ohne Geldwertveränderung — nämlich durch Produktivitätssteigerung infolge technischen Fortschritts — stattfindet, sollte man künftig als Ziel der Konjunkturpolitik richtiger ein optimales Wirtschaftswachstum bezeichnen. Darunter ist die Ausnutzung des jeweils gegebenen Wachstumspotentials zu verstehen, also nicht nur die Beschäftigung der vorhandenen Arbeitskräfte, sondern auch deren jeweils mögliche Ausstattung mit immer besseren Maschinen und Werkzeugen.

d) Reicht das bisherige Instrumentarium der Konjunkturpolitik für eine solche Wachstumspolitik aus oder muß es ergänzt werden?

Bei der Prüfung dieser Frage wird man mit einiger Bestürzung feststellen, daß wir im Vergleich zum Jahre 1929, dem Beginn der Weltwirtschaftskrise, zwar große Fortschritte in der Erkenntnis der konjunkturpolitischen Möglichkeiten und Notwendigkeiten gemacht haben, daß unser verfügbares Instrumentarium der nationalen Konjunkturpolitik jedoch — im wesentlichen also die Kreditpolitik — im Rahmen einer integrierten Weltmarktwirtschaft noch ebenso unzureichend und deshalb ergänzungsbedürftig ist wie damals.

12. Es drängt sich die Frage auf, ob nicht doch in der von der Wissenschaft seit vielen Jahren und neuerdings auch von der Bundesbank — und übrigens auch von meinem Vorstandskollegen Professor Langelütke in seinem offenen Brief an Bundesminister Etzel — geforderten antizyklischen öffentlichen Finanzpolitik ein praktikables Instrument gefunden werden könnte, um neben der Kreditpolitik gestaltend auf das Wirtschaftswachstum einzuwirken. Die öffentliche Finanzpolitik bleibt ja auch in einer Epoche der vollen Liberalisierung und wirtschaftlichen Integration eine ausschließliche Domäne der nationalen Politik.

Der Präsident der Bundesbank, Blessing, sagte kürzlich in einem Vortrag[3]: „Der allgemeinen Konjunkturpolitik bleibt daher nach wie vor die Aufgabe gestellt, die Gesamtnachfrage zu dämpfen, um sie in ein besseres Gleichgewicht mit den Produktionsmöglichkeiten zu bringen und damit dem Preis- und Lohnauftrieb den Wind aus den Segeln zu nehmen. Wir, die Notenbank, hätten es sehr begrüßt, wenn diese Aufgabe bisher nicht ausschließlich der Kreditpolitik überlassen worden wäre. Unsere Maßnahmen treffen in erster Linie die Banken und die private Wirtschaft. Auf das Gebaren der öffentlichen Hand, die etwa 40 vH des Volkseinkommens verausgabt, haben wir leider wenig Einfluß. Wir haben daher wiederholt an die öffentlichen Stellen — an Bund, Länder und Gemeinden — appelliert, unsere Maßnahmen durch ein antizyklisches Verhalten, insbesondere durch Streckung des Bauvolumens, zu unterstützen. Leider haben wir mit unseren Mahnungen und Appellen bisher wenig Erfolg gehabt. In der Theorie geben uns die Vertreter der öffentlichen Hand wohl recht, in der Praxis sehen sie aber wenig Möglichkeiten, unsere konjunkturdämpfende Politik zu unterstützen."

Bundesminister Etzel hatte sich zu dem Problem folgendermaßen geäußert: „Die Forderung nach einem antizyklischen Verhalten der Finanzpolitik ist seit einigen Jahrzehnten eine selbstverständliche Forderung der modernen Konjunkturwissenschaft." Professor Neumark[4], der diese Aussage zitiert, bemerkt dazu: „Diese Feststellung ist in der Tat vollkommen zutreffend, nur muß sie, insbesondere auch in bezug auf die Bundesrepublik, dahin ergänzt werden, daß es bislang im wesentlichen bei der ‚Forderung' geblieben ist, die Realisierung dieses Postulats jedoch trotz seiner ‚Selbstverständlichkeit' noch in den Anfängen steckt."

Wie könnte eine antizyklische — oder besser kompensatorische — öffentliche Finanzpolitik in Ergänzung zur Kreditpolitik dazu beitragen, das Wirtschaftswachstum von depressiven wie von boomartigen, von deflationistischen wie von inflationistischen Entartungen freizuhalten und ihm eine größere Stetigkeit zu verleihen? Bietet die über die öffentlichen Haushalte gesteuerte Nachfrage eine geeignete und genügend große Manövriermasse?

Der Anteil der öffentlichen Hand an der Verausgabung des Volkseinkommens beträgt etwa 40 vH, wenn man hierbei die Sozialversicherungen einbezieht. Die Eigeninvestitionen der öffentlichen

---
[3] Blessing, Karl: „Aktuelle Konjunktur- und Währungsfragen in der Bundesrepublik Deutschland", Vortrag vor der Zürcher Volkswirtschaftlichen Gesellschaft am 9. 3. 1960.
[4] Neumark, Fritz: „Möglichkeiten antizyklischer Finanzpolitik" in „Der Volkswirt", Nr. 9 v. 27. 2. 1960.

Hand einschließlich der von ihr gewährten Darlehen und Zuschüsse für private Investitionen machen rd. ein Drittel der gesamten Bruttoanlageinvestitionen aus. Rechnet man auch die durch öffentliche Mittel ermöglichten privaten Investitionen voll dazu, dann ergibt sich die erstaunliche Tatsache, daß in den letzten Jahren sogar zeitweise über 50 vH der gesamten Bruttoanlageinvestitionen von der öffentlichen Hand gesteuert wurden (vgl. Tab. 3 und 4).

Man kann sich nur darüber wundern, daß man jemals Beträge solcher Größenordnung ohne Rücksicht auf die konjunkturelle Beschäftigungslage der Unternehmerwirtschaft verausgaben zu können glaubte. Wenn man sich die Dinge näher besieht, so stellt man fest, daß es zwar eine Fülle einschneidendster Vorschriften haushaltsrechtlicher, kassentechnischer und den Finanzausgleich betreffender Art für die Verausgabung öffentlicher Mittel gibt, jedoch keinerlei Ansätze für Richtlinien konjunkturpolitischer Art. So kommt es, daß die so beträchtlichen Ausgaben der öffentlichen Hand bisher nicht nur ohne Rücksicht auf den Konjunkturverlauf getätigt wurden, sondern daß sie ihrerseits die konjunkturellen Schwankungen der Unternehmerwirtschaft in der Regel noch verschärft haben. Diese den Konjunkturzyklus hypertrophierende Wirkung kommt folgendermaßen zustande:

In der Phase einer ansteigenden Konjunktur der Privatwirtschaft erhält die öffentliche Hand, die ja nicht selbst Bestandteil des marktwirtschaftlichen Systems ist, aus den Erträgen der privaten Unternehmerschaft immer größere, ja, — dank unseres teilweise progressiven Steuersystems — sogar progressiv steigende Steuereinnahmen, mit denen sie dann verständlicherweise ihre aus Geldmangel lange zurückgestellten Ausgaben tätigt. Wie immer wieder zu beobachten ist, treibt sie damit z. B. eine zunächst nur befriedigende Baukonjunktur sehr schnell in den Bauboom hinein.

Damit zwingt sie die für die Konjunkturpolitik zuständigen Stellen zu konjunkturdämpfenden Maßnahmen. Kommt es dieserhalb oder aus exogenen Gründen zu einer Depression, so gehen nun die Steuererträge überproportional zurück. Die öffentliche Hand schränkt dann ihre Ausgaben entsprechend ein, anstatt umgekehrt die freigewordenen Kapazitäten der Unternehmerwirtschaft für die raschere Bewältigung ihrer Infrastruktur-Aufgaben zu nutzen und damit der gesamten konjunkturellen Nachfrage eine Stütze zu geben.

Diese unerwünschten Wirkungen der öffentlichen Ausgaben auf den Konjunkturverlauf werden unter Umständen höchstens dadurch gemildert, daß sowohl bei dem Eingang der Steuererträge wie bei der Verausgabung der öffentlichen Mittel Verzögerungen eintreten.

Die Tatsache, daß die öffentliche Hand ihre Ausgaben nicht konjunkturpolitisch orientiert, trägt also ganz wesentlich zur Verstärkung der Konjunkturschwankungen und zur Störung des wirtschaftlichen Wachstumsprozesses bei. Wenn das so ist, dann wird es immer dringlicher, zu untersuchen, ob es nicht doch Möglichkeiten gibt, die öffentliche Hand auch in ihrem ureigensten Interesse zu einer konjunkturpolitisch zweckmäßigeren Ausgabengebarung zu veranlassen. Ja, wenn man ganz kühn sein will, könnte man fragen, ob nicht eine antizyklische öffentliche Haushaltspolitik unmittelbarer als alle anderen bisher bekannten konjunkturpolitischen Instrumente darauf hinwirken könnte, ein störungsfreies wirtschaftliches Wachstum ohne Geldwertveränderung zu sichern, damit gleichzeitig die Steuereinnahmen zu maximieren und so die günstigste Voraussetzung zu schaffen, um die öffentlichen Investitionsaufgaben schneller zu verwirklichen. Bisher ist allerdings die seit langem geforderte antizyklische Haushaltspolitik noch kaum irgendwo erfolgreich praktiziert worden. Wenn heute sogar die Möglichkeiten einer solchen Politik aus berufenem Munde[5] skeptisch beurteilt werden, so scheint mir dies ganz bestimmte Gründe zu haben:

13. Zum Teil hat man erwartet, daß bereits unser System progressiver Steuern als automatischer Konjunkturstabilisator wirke; das ist in Wirklichkeit keineswegs der Fall. Zwar wird in der ansteigenden Konjunktur den Unternehmern wie den Arbeitern Nachfragekraft entzogen, während in der absteigenden Konjunktur die progressiv abnehmenden Steuerverpflichtungen ein allzu starkes Absinken der privaten Nachfrage verhindern. Da aber die Mehreinnahmen der öffentlichen Hand während des Aufschwungs bisher nicht thesauriert, sondern wieder verausgabt wurden, handelt es sich hier im wesentlichen nur um eine Ersetzung von privater durch öffentliche Nachfrage. Antizyklisch könnte dieses Steuersystem nur wirken, wenn die zusätzlichen Steuererträge gehortet und erst in der Depression wieder ausgegeben würden, wie es das Ifo-Institut vor fünf Jahren forderte, als es die Bildung von betrieblichen Konjunkturrücklagen vorschlug. Diese Forderung ist aber bisher bei den Steuern nicht erfüllt worden.

14. Alle Vorschläge, die darauf hinauslaufen, einen Ausgleich kurzfristiger Konjunkturschwankungen durch eine antizyklische Anhebung und Senkung der Steuersätze zu erreichen, lassen sich nicht

---

[5] Etzel, Franz: „Vortrag vor der Hauptversammlung der Industrie- und Handelskammer Düsseldorf" am 10. 3. 1960.

realisieren, weil die Steuerpolitik gar nicht rasch genug den jeweiligen und übrigens auch nicht zuverlässig vorausschaubaren konjunkturpolitischen Erfordernissen angepaßt werden kann. Man denke nur daran, wieviel Zeit benötigt wird, bei einer bestimmten konjunkturellen Situation sich zunächst einmal über die mutmaßliche weitere Entwicklung ein zutreffendes Urteil zu verschaffen, das richtige Ausmaß der Steueränderungen und ihrer Wirkungen abzuschätzen, die Parlamente von der Notwendigkeit und Richtigkeit einer solchen Steueränderung zu überzeugen und sie dann auch noch rechtzeitig zu einem entsprechenden Entschluß zu bringen. Es müßte schon ein Zufall sein, wenn die Wirksamkeit solcher Maßnahmen in die konjunkturpolitisch richtige Phase fallen würde. Damit soll selbstverständlich nichts gegen die Nützlichkeit z. B. von Steuervergünstigungen am Beginn einer langfristigen Wiederaufbauperiode und den Abbau der Steuervergünstigungen in dem Zeitpunkt, in dem der beabsichtigte Zweck erreicht ist, gesagt werden. Solche langfristigen, der Strukturverbesserung oder allgemeinen politischen Zielen dienende Maßnahmen sollten jedoch nicht aus konjunkturpolitischen Gründen unterbrochen oder rückgängig gemacht werden, bevor das Ziel, z. B. die Eingliederung der Flüchtlinge, erreicht ist.

15. Ähnlich problematisch sind die Vorschläge einer antizyklischen Ausgabenpolitik, die darauf gerichtet sind, nach Ermessensentscheidungen eines Parlaments oder einer konjunkturpolitischen Zentralinstanz bestimmte Beträge für eine bestimmte Zeit und einen bestimmten Zweck einzusetzen, um ein konjunkturpolitisches Ziel zu erreichen. Ein solches Verfahren ist den gleichen Bedenken ausgesetzt wie die konjunkturpolitische Manipulierung der Steuern. Bundesminister Etzel[6] schrieb dazu Ende 1959 im Handelsblatt: „Ich muß Sie dann darauf hinweisen, daß es einige Gründe technischer Art gibt, die eine konjunkturpolitisch systemgerechte Haushaltspolitik fast unmöglich erscheinen lassen. Man denke doch nur daran, welch lange Zeit zwischen der Planung eines Haushalts und dem Ende seines Vollzugs liegt. In aller Regel sind das mindestens eineinhalb Jahre. Wer wollte heute behaupten, daß er gegen das Jahresende 1958, als der gegenwärtig laufende Haushaltsplan seine Gestalt gewann, den konjunkturellen Auftrieb vorhergesehen hätte, wie wir ihn heute haben? Und lassen die Auswirkungen von Steuergesetzänderungen — zumindest bei den Ertragssteuern — nicht noch länger auf sich warten? Zudem hat es den Anschein, als ob der Rhythmus der Konjunkturschwankungen

---

[6] Etzel, Franz: „Grenzen der Finanzpolitik", Handelsblatt, Nr. 226 v. 31. 12. 1959.

— falls man hier überhaupt noch von einem Rhythmus sprechen kann — immer schneller würde, so daß der Versuch, das schwerfällige Instrument der Finanzpolitik einzusetzen, immer schwieriger werden dürfte."

16. Die gesamten Ausgaben der öffentlichen Hand konjunkturpolitisch manipulieren zu wollen, dürfte auch aus einem anderen Grunde nicht zweckmäßig sein. Denn unter diesen Ausgaben befinden sich Teile, die ihrer Natur nach kaum oder gar nicht manipulierbar sind, z. B. die Personalausgaben und die Renten. Es ist schwer einzusehen, wie man es im politischen Raum erreichen will, z. B. in der Phase des Konjunkturaufschwungs — also steigender Löhne in der Privatwirtschaft — die Beamtengehälter und die Renten an dieser Wohlstandssteigerung nicht teilnehmen zu lassen oder sie gar zu kürzen. Selbst wenn eine solche Aktion politisch durchsetzbar wäre, würde sie nur dazu führen, daß die tüchtigsten Kräfte aus der Beamtenlaufbahn in die Privatwirtschaft überwechseln würden. Dies kann jedoch weder im Interesse des Staates noch letzten Endes in dem der Privatwirtschaft liegen. Andererseits ist es ebenso schwer vorstellbar, wie man in der Phase der Depression, d. h. zunehmender Arbeitslosigkeit und mindestens nicht mehr steigender Löhne, die Beamtengehälter und Renten aus konjunkturpolitischen Gründen erhöhen will.

17. Wenn man es also mit einer antizyklischen Haushaltspolitik ernst meint, dann sollte man sich von vornherein darauf beschränken, nur diejenigen Ausgaben der öffentlichen Hand konjunkturpolitisch zu manipulieren, die dafür geeignet sind. Die öffentlichen Investitionen erscheinen hierfür besonders prädestiniert.

18. Nachdem Einigkeit darüber besteht, daß das Wachstum des Produktionspotentials einer Volkswirtschaft entscheidend von dem jeweiligen Umfang und der Art der Investitionen abhängt, liegt es nahe, zu fragen, ob man nicht die Investitionen selbst konjunkturpolitisch beeinflussen könne. Die gesamten Investitionen einer Volkswirtschaft bestehen aus den privaten und den öffentlichen Investitionen. In modernen Volkswirtschaften beträgt der Anteil der direkten öffentlichen Investitionen und der durch öffentliche Mittel gesteuerten privaten Investitionen, wie gesagt, häufig mehr als die Hälfte der Bruttoanlageinvestitionen. Um im Bild der Überhitzung zu bleiben: Die Dampflokomotive der Expansion wird durch private und öffentliche Investitionen geheizt und ihr Tempo dadurch reguliert. Bei Überhitzung zeigen die Manometer — wie Löhne, Preise, Lieferfristen — einen Überdruck an. Es erscheint deshalb sinnvoller, die Heizung — nämlich die

Investitionen — zu regulieren, als die Manometer zu ermahnen, den wahren Druck nicht anzuzeigen.

19. Aus politischen wie aus rein ökonomischen Gründen erscheint es unzweckmäßig, die privaten Investitionen über die globale Steuerung durch die Kreditpolitik der Notenbank hinaus noch kontrollieren oder gar lenken zu wollen. Es ist gerade der besondere Vorteil der Marktwirtschaft, daß sie die Freiheit der Arbeitsplatzwahl, der Produktion, des Verbrauchs und der Investition nicht nur erlaubt, sondern daß sie sich bei ihrer großen Anpassungsfähigkeit und geradezu verschwenderischen Produktionskraft sogar leisten kann, selbst einen unvernünftigen Gebrauch dieser Freiheiten hinzunehmen. So braucht sie z. B. nicht zu verhindern, daß ein anerkannt wirkungsloses Haarwuchsmittel produziert, durch eine teure Werbung an den Mann gebracht und Investitionen hierfür vorgenommen werden. Und das alles, obgleich sicher ist, daß dieses Mittel zum Wachstum der volkswirtschaftlichen Produktivität ebensowenig beiträgt wie zu dem der Haare.

Wenn in der Marktwirtschaft dem Unternehmer das Risiko von Fehlinvestitionen nicht abgenommen werden kann, so sollte man auch nicht — außer durch globale steuer- und kreditpolitische Maßnahmen — in seine Entscheidungsfreiheit im einzelnen eingreifen.

20. Die Einsicht, daß die globale Beeinflussung der privaten Investitionen durch die Kreditpolitik der Notenbank zur Steuerung der Konjunktur jedoch mindestens nicht ausreicht, hat sich neuerdings immer mehr verbreitet. Auch die Deutsche Bundesbank hat diese Ansicht in den letzten Monaten immer wieder mit aller wünschenswerten Deutlichkeit geäußert und ihrerseits ergänzende Maßnahmen durch eine antizyklische Haushaltspolitik gefordert.

Welches sind die Gründe, weshalb die Kreditpolitik die Investitionen nicht befriedigend steuern kann?

a) Will man eine echte freie Konvertibilität aufrechterhalten, auf die man sich in der westlichen Welt seit Anfang 1959 festgelegt hat, dann ist die konjunkturpolitische Handlungsfähigkeit und Wirksamkeit der Kreditpolitik mehr oder weniger begrenzt, solange die Wechselkurse starr und den Kaufkraftparitäten nicht angepaßt sind.

b) In der Phase der Depression — also mangelnder Nachfrage und stilliegender Kapazitäten — reicht eine Kreditverbilligung allein nicht aus, um die Unternehmer zu neuen Investitionen anzureizen und das Wachstum wieder befriedigend zu gestalten. Ein solcher Effekt kann dann nur durch autonome öffentliche Investitionen erreicht werden.

c) In der Phase des booms kann die Kreditverteuerung und Kreditverknappung die private Investitionstätigkeit gerade der überhitzten Bereiche nur schwer drosseln. Infolge einer hohen Quote der Selbstfinanzierung sind die Unternehmer in diesen Bereichen häufig auf Kredit kaum angewiesen. Außerdem können ihre Investitionen zinsunempfindlich sein, weil entweder der Zins bei ihnen als Kostenfaktor eine zu geringe Rolle spielt oder weil sie mit einer besonders hohen Rentabilität verbunden sind, was im boom bei den heißen Bereichen regelmäßig der Fall zu sein pflegt. Im übrigen ist es für die Privatbanken sehr schwierig, wenn nicht unmöglich, gerade die Kreditwünsche ihrer besonders erfolgreichen und sicheren Kunden abzuweisen, nur weil sie den heißen Bereichen angehören.

d) Die Kreditpolitik kann notwendigerweise nur global und nicht spezifisch wirken. Sie muß, um überhaupt zu wirken, so stark dosiert werden, daß sie über eine Beeinträchtigung zinsempfindlicher — möglicherweise kalter — Bereiche und eine Verschlechterung des gesamten Konjunkturklimas schließlich mittelbar doch noch die heißen Bereiche trifft. Sie wirkt — wie auch Burns[7] feststellt — im negativen Sinne selektiv.

e) Die öffentlichen Investoren, die sich ja nicht nach Rentabilitätsgesichtspunkten richten müssen, sondern nach Maßgabe ihrer Einnahmen investieren, können durch die Kreditpolitik, wenn überhaupt, dann erst sehr spät beeinflußt werden. Dies gilt mindestens insoweit, als sie ihre Investitionen durch Steuern und nicht durch Anleihen finanzieren. Und selbst öffentliche Anleihen brauchen ja nicht aus wirtschaftlichen Erträgen, sondern können aus Steuererträgen verzinst werden.

Deshalb sollte man viel intensiver als bisher erforschen, ob und wie — ergänzend zur Kreditpolitik und unabhängig von ihr — eine Manipulierung der öffentlichen Investitionen zur Konjunktursteuerung vorgenommen werden könnte. Wenn die Deutsche Bundesbank auf diese Weise von ihrer bisherigen Aufgabe entlastet würde, konjunkturelle Schwankungen des inneren Geldwertes zu verhindern, dann erhielte sie eine größere Aktionsfreiheit, langfristig — ganz unabhängig von den kurzfristigen Schwankungen des Geldmarktsatzes — den Rentabilitätsspielraum für Investitionen zu beeinflussen und sich im übrigen auf die Stabilerhaltung des äußeren Geldwertes zu konzentrieren.

---

[7] Vgl. Burns, a.a.O.

21. Die öffentlichen Investitionen unterscheiden sich von den privaten prinzipiell in verschiedener Beziehung:

   a) Sie sind — anders als die privaten Investitionen — nicht von Rentabilitätserwägungen abhängig, sondern ausschließlich von politischen Entscheidungen, z. B. der Bau der Autobahnen.

   b) Sie hängen mit wenigen Ausnahmen, wie z. B. die Investitionen für öffentliche Elektrizitätswerke, nicht unmittelbar mit der konjunkturell schwankenden Nachfrage zusammen. Denken Sie hier etwa an den Bau von Volksschulen. Die Investitionen der privaten Unternehmerwirtschaft sind demgegenüber in der Regel unmittelbar von der konjunkturellen Nachfrage abhängig.

   c) Die Vergabe der öffentlichen Investitionen ist deshalb zeitlich nicht so eng an bestimmte Fristen gebunden. Die privaten Unternehmer müssen dagegen im allgemeinen in der Phase steigender Nachfrage nach ihren Produkten unverzüglich investieren oder bei einem Rückgang der Nachfrage ihre Investitionen vermindern oder einstellen, gerade weil sie durch die Rentabilität gesteuert werden.

   d) Die privaten Investitionen bestimmen die Kapazität des Produktionsapparates, von der wiederum die Möglichkeit, öffentliche und private Produktions- und Investitionsaufgaben durchzuführen, gleicherweise abhängt. Ihre Erstellung muß daher ohne zeitliche Verzögerung genau dem wechselnden Bedarf angepaßt werden.

   e) Die öffentliche Hand kann dagegen ihre Investionen für die Infrastruktur (z. B. für den U-Bahnbau oder den Ausbau der Universitäten) in kürzerer oder längerer Zeit durchführen. Sie kann und muß sich dabei in der Realität nach der Leistungsfähigkeit der privaten Unternehmer richten, die in der Regel auch die öffentlichen Investitionen erstellen. Haben die in Frage kommenden Unternehmer keine freien Kapazitäten mehr, dann kann die einzelne öffentliche Investition eben nicht in der an sich erwünschten und beschlossenen Zeit durchgeführt werden, wie sich dies aus einer Äußerung der Regierung von Oberbayern sehr anschaulich ergibt[8]. Es heißt darin: „Nach den Erfahrungen der letzten Jahre besteht für die Landeshauptstadt keine Möglichkeit, den außerordentlichen Haushalt in der vorgesehenen Höhe auch wirklich durchzuführen. Ganz besonders auf dem Gebiet des Tiefbaus hat sich in den letzten

---

[8] Süddeutsche Zeitung vom 16. 3. 1960, Nr. 65.

Jahren gezeigt, daß in jedem Jahr ganz beträchtliche Überhänge nicht durchgeführter Maßnahmen in das neue Rechnungsjahr herübergenommen werden mußten. Auch der Schulhausbau hat erhebliche Verzögerungen erlitten. Solange die Landeshauptstadt nicht alle Kräfte darauf konzentriert, diese Überhänge im Straßen- und Schulhausbau zu beseitigen, und stattdessen jährlich Bauvorhaben plant, die die Kapazität der Hoch- und Tiefbauwirtschaft bei weitem überschreiten, lassen sich die in den einzelnen Haushalten vorgesehenen Maßnahmen nicht verwirklichen."

f) Es sollte deshalb von vornherein und generell darauf verzichtet werden, öffentliche Investitionen in einer bestimmten und begrenzten Frist durchführen zu lassen, sondern vielmehr angestrebt werden, sie so schnell wie möglich zu verwirklichen, d. h. so schnell, wie es die jeweilige Kapazitätsauslastung der Firmen, die den Auftrag ausführen sollen, erlaubt.

22. Dazu wäre nötig, ja, sogar dringend erforderlich, den öffentlichen Teil der volkswirtschaftlichen Investitionen durch eine auf weite Sicht angelegte politische Strategie zu steuern, und zwar mit folgenden Zielen:

a) Die öffentlichen Investitionen sollten jeweils zeitlich so elastisch vergeben werden, daß die unvermeidlichen Schwankungen der privaten Investitionen dadurch nicht übersteigert, sondern möglichst kompensiert werden und das Wirtschaftswachstum weder durch einen boom noch durch eine Rezession gestört wird.

b) Die Infrastrukturaufgaben sollten mit den marktwirtschaftlichen Investitionen so harmonisiert werden, daß ein optimales Wachstum der gesamten Volkswirtschaft ermöglicht wird, wie es Galbraith[9] in seinem ideenreichen Buch: „Gesellschaft im Überfluß" mit guten Gründen fordert. Darüber hinaus bedarf es auch einer Berücksichtigung der politisch immer wichtiger werdenden Investitionen für die Infrastruktur der Entwicklungsländer. Nur so kann der Westen in diesen Gebieten eine Erfolgschance gegenüber dem Ostblock erhalten, wie die vergeblichen Bemühungen um den Bau des Assuan-Damms zeigen.

c) Es sollten die Chancen mehr ausgenutzt werden, die der Marktwirtschaft in ihrer raschen Anpassungsfähigkeit gegenüber der schwerfälligeren östlichen Planwirtschaft gegeben sind, wenn nur der Teilbereich „öffentliche Wirtschaft" in der westlichen Welt genauso zielbewußt nach einem großen poli-

---

[9] Galbraith, John Kenneth: „Gesellschaft im Überfluß", Droemersche Verlagsanstalt, Th. Knaur Nachf., München-Zürich, 1959.

tischen Konzept gesteuert wird, wie dies in den in der COMECON zusammengefaßten kommunistischen Ländern des Ostblocks für den Gesamtbereich der Wirtschaft geschieht.

23. Die Investitionen für die Infrastruktur bedeuten in der Regel nicht — wie häufig noch angenommen wird — eine Störung des marktwirtschaftlichen Sektors, sondern schaffen meistens erst die fundamentalen Voraussetzungen für das Wachstum der gesamten Volkswirtschaft und damit auch ihres marktwirtschaftlichen Sektors.

Dazu einige Beispiele:

Wenn moderne Volkswirtschaften immer mehr auf qualifizierte Arbeitskräfte angewiesen sind — und dies gilt heute ebenso für die Landwirtschaft, für das Handwerk wie für die Industrie —, dann ist es eine fundamentale Voraussetzung für das Wachstum dieser Wirtschaftsbereiche, daß die öffentliche Hand durch ihre Investitionen für die Schulung und Weiterbildung des Nachwuchses in einer ausreichenden Zahl von Schulen, Fachschulen, höheren Schulen, technischen Hochschulen, Universitäten und Forschungsinstituten sorgt.

Wenn die Zahl der verfügbaren Arbeitskräfte immer knapper wird, wird es um so wichtiger, daß die vorhandenen Arbeitskräfte durch die Bereitstellung der benötigten öffentlichen Krankenhäuser und Heilstätten im Falle der Erkrankung möglichst schnell wieder gesund und arbeitsfähig werden.

Daß ohne den rechtzeitigen Bau von Autobahnen, Straßen und Parkplätzen die weitere Expansion nicht nur der Kraftfahrzeugindustrie, sondern auch der gesamten Wirtschaft gefährdet werden kann, braucht nicht begründet zu werden. Ähnliches gilt aber auch für viele öffentliche Investitionen, so z. B. für die rechtzeitige Erschließung von Siedlungsgelände in den industriellen Ballungsräumen und für die Wasserwirtschaft als Voraussetzung der industriellen und landwirtschaftlichen Produktion.

Eine Vernachlässigung dieser gemeinwirtschaftlichen — oder wie man heute sagt, Infrastruktur-Investitionen — würde unnötige Wachstumsverluste zur Folge haben. Wenn man dem zustimmt, kann man allerdings nicht gleichzeitig beklagen, daß die öffentliche Hand für diese gemeinwirtschaftlichen Investitionen entsprechende Steuermittel und Anleihen beansprucht. Nur durch die richtige Bemessung des öffentlichen Anteils am Sozialprodukt kann ein harmonisches Größenverhältnis zwischen den Investitionen für den privatwirtschaftlichen Produktionsapparat und für die Infrastrukturaufgaben hergestellt werden.

B. Wie lassen sich die öffentlichen Investitionen konjunkturpolitisch steuern?

1. Es ist bereits ausgeführt worden, warum es aussichtslos ist, die nach dem bisherigen Haushaltsrecht notwendigerweise für einen bestimmten Zeitraum im voraus festzulegenden Haushaltsansätze der öffentlichen Stellen konjunkturpolitisch richtig zu dosieren. Als ebenso problematisch erweist es sich, bei jeder veränderten konjunkturellen Situation von oben her der großen Zahl von öffentlichen Gebietskörperschaften bestimmte Anweisungen für eine kurzfristige Änderung ihrer Finanzpolitik zu geben.

Deshalb wird hier vorgeschlagen, lediglich konjunkturpolitische Richtlinien für die Vergabe von Investitionsaufträgen der öffentlichen Hand zu konstituieren. Dadurch soll der einzelne öffentliche Investor veranlaßt werden, seine Aufträge der jeweiligen Kapazitätsauslastung der in Frage kommenden Branchen rasch und elastisch anzupassen. Für die Anwendung dieser Richtlinien sollten objektive Indikatoren maßgebend sein. Diese Indikatoren müssen für die Investitionstätigkeit aller öffentlichen Stellen als ebenso verbindlich erklärt werden wie seinerzeit die Spielregeln im früheren Goldwährungssystem für die Kreditpolitik der Notenbanken.

2. Manipulierbar werden öffentliche Investitionen allerdings erst, wenn man sich entschließt, sie aus den jeweils für ein Haushaltsjahr beschlossenen ordentlichen Etats auszugliedern und auf einen außerordentlichen Investitionshaushalt zu übertragen. Öffentliche Investitionen, die wegen ihrer Bindung an internationale Verträge (z. B. für die Rüstung) oder wegen ihres engen Zusammenhangs mit konjunkturellen Entwicklungen zeitlich kaum manipulierbar sind, könnten im Jahreshaushalt verbleiben.

3. Um die öffentlichen Investoren nicht zu zwingen, die bewilligten Mittel für bestimmte Zwecke bis zum Jahresende zu verbrauchen, sollten die Etats der öffentlichen Investitionen für längere Zeiträume, also etwa für fünf Jahre, beschlossen werden. Hierfür wäre notwendig, daß die Investitionsvorhaben für jeweils fünf Jahre im voraus quasi generalstabsmäßig nach konkreten Objekten bis in alle Einzelheiten einschließlich der Finanzierung ausgearbeitet und von den zuständigen Parlamenten bewilligt werden. Diese für je fünf Jahre geltenden Investitionspläne könnten Jahr für Jahr überprüft, korrigiert und ergänzt werden. Die Bewilligung der einzelnen Investitionsvorhaben müßte zweckgebunden werden, um eine konjunkturpolitisch unerwünschte anderweitige Verwendung der dafür vorgesehenen Mittel auszuschließen.

4. Durch eine erste Generalklausel sollten die öffentlichen Investoren ermächtigt werden, im ersten Jahr einen bestimmten Teil der für die nächsten fünf Jahre bewilligten Investitionsvorhaben — ganz unabhängig vom jeweiligen Konjunkturwetter — in Auftrag zu geben. Dies empfiehlt sich, damit immer die Durchführung eines Mindestmaßes der volkswirtschaftlich und politisch so wichtigen Infrastrukturaufgaben gewährleistet ist. Um eine elastische Steuerung der öffentlichen Investitionen zu ermöglichen, müßte diese unbedingt freizugebende erste Jahresrate selbstverständlich kleiner sein als die bisherigen Jahresausgaben für die einzelnen Investitionszwecke. Sie könnte vielleicht bei der Hälfte oder bei drei Viertel der bisherigen Ansätze liegen. Hierdurch werden sich dezentralisiert bei der Vielzahl von öffentlichen Investoren für die einzelnen Investitionsvorhaben Ausgabenreste ergeben. Es entstehen also lokale Fonds, die zweckgebunden als Finanzierungsreserve verfügbar bleiben.

5. Durch eine zweite Generalklausel sollten die öffentlichen Investoren ermächtigt werden, soviel weitere der vorbereiteten und grundsätzlich bereits bewilligten Investitionsvorhaben in Auftrag zu geben, wie sie regional in der betreffenden Branche zu normalen — durch den „Indikator" festgelegten — Bedingungen unterbringen können. Als Indikator könnte etwa die Entwicklung der örtlichen Preise und der Lieferfristen dienen. Falls bei einer stärkeren Depression die genannten Finanzierungsreserven einmal nicht ausreichen sollten, so könnten die ausgearbeiteten Investitionsaufgaben der öffentlichen Hand als echte Arbeitsbeschaffungsmaßnahmen ohne Zeitverlust und ohne Schaden für den Geldwert mit Hilfe der Notenbank vorfinanziert bzw. mit Anleihen finanziert werden.

Da es sich bei den öffentlichen Investitionen nicht nur um Bauaufträge, sondern um eine Fülle von Aufträgen an die verschiedensten Industrien handelt — z. B. Dienstfahrzeuge, Büromaschinen, Möbel, Einrichtungen für Krankenhäuser, Maschinen aller Art —, so wird sich in den meisten Fällen unschwer feststellen lassen, welche Investitionsaufträge zu den bisherigen Preisen und zu normalen Lieferfristen vergeben werden können.

In den Fällen, in denen es sich um größere Objekte handelt, für die vergleichbare Marktpreise nicht existieren (z. B. ein erstmals in Auftrag gegebenes Fernheizwerk), braucht bei der endgültigen Vergabe des Auftrags nur angefragt zu werden, ob die beteiligten Unternehmer bereit sind, den Auftrag noch zu den bei der Ausschreibung offerierten Bedingungen auszuführen. Die Ermittlung der Gesamtkosten durch Ausschreibungen der einzelnen Teilaufträge ist ja immer notwendig, bevor ein Investitionsvorhaben der zuständigen Beschlußkörperschaft zur Bewilligung vorgelegt werden kann.

6. Es wäre zu überlegen, ob neben dem Indikator „Preis" für ein vergleichbares konkretes Preisangebot noch in irgendeiner Form auch eine Veränderung des Preisindex für die Lebenshaltung — z. B. bei einer Steigerung von mehr als 3 vH — berücksichtigt werden sollte. Denn unter dem Ziel „Geldwertstabilität" versteht man ja in erster Linie — so wird sie auch gemessen — unveränderte Preise der Lebenshaltung.

Steigerungen des Preisindex für die Lebenshaltung werden vor allem dann eintreten, wenn die Arbeitnehmer aus der falschen Erwartung heraus, daß sie durch nominelle Lohnforderungen ihren realen Lebensstandard verbessern könnten, die Grenze des optimalen Lohns überschreiten. Ganz allgemein gilt jedoch: wenn die Sozialpartner bei ihrer Lohnfestsetzung die optimale Lohnhöhe, d. h. das Lohnniveau, bei dem allein die zur Verfügung stehende Verbrauchsgütermenge zu unveränderten Preisen absetzbar ist, überschreiten oder unterschreiten, so hat dies lediglich zur Folge, daß sich die Preise verändern, nicht jedoch die reale Versorgung. Solche Preisänderungen können u. U. über Absatzschwierigkeiten zu einer krisenhaft schrumpfenden Beschäftigung bzw. zu einer inflationistischen Preisentwicklung führen.

7. Dabei ist allerdings zu berücksichtigen, daß im Preisindex für die Lebenshaltung nicht die Steigerung der Qualität, d. h. des Gebrauchswertes, der Nutzungsdauer oder der Leistungsfähigkeit der Güter zum Ausdruck kommt.

In der modernen Wirtschaft wirkt nämlich ein starker technischer Fortschritt darauf hin, daß sich der Wettbewerb immer mehr in verbesserten Qualitäten neuer Typen zu alten Preisen als in gesenkten Marktpreisen der alten Typen abspielt. Deshalb scheint mir die sehr verbreitete Ansicht, daß die Kompensation der notwendigerweise steigenden Preise für Dienstleistungen durch Preissenkung bei den mit technischen Fortschritten erzeugten Gütern bedauerlicherweise nicht mehr stattfindet, mindestens zum Teil auf einem Meßfehler zu beruhen. Die Masse der Käufer kommt nämlich nicht nur durch verringerte Arbeitszeit, periodisch steigende Löhne oder teilweise gesenkte Marktpreise, sondern auch durch Marktpreise, die nicht der Qualitätsverbesserung entsprechend erhöht wurden, in den Genuß des technischen Fortschritts. Mit anderen Worten: Die Realversorgung verbessert sich über die meßbare Erhöhung der Reallöhne hinaus.

Ob es sich bei diesem Sachverhalt noch vertreten läßt, allein aus der Entwicklung der Marktpreise und insbesondere des Preisindex für die Lebenshaltung auf eine Geldwertverschlechterung oder gar Inflation zu schließen, erscheint sehr problematisch. Der Präsident des Statistischen Bundesamtes, Dr. h. c. Fürst[10], als der für diese Fragen Kompetenteste, weist selbst immer wieder darauf hin, daß dieser Index neben unvermeidlichen Gewichtungsfehlern den für echte Preisvergleiche bedenklichen Mangel enthält, daß solche Qualitätsveränderungen nicht oder nicht ausreichend erfaßt werden können.

8. Bei richtiger Steuerung der öffentlichen Investitionen dürfte ein Wirtschaftswachstum ohne Inflation auch bei erreichter Vollbeschäftigung durchaus möglich sein. Gerade bei chronischem Mangel an Arbeitskräften und steigenden Löhnen werden neue Kombinationen von Kapital und Arbeit interessant, bei denen der technische Fortschritt zu Produktivitätssteigerungen durch Einsparung von Arbeitsstunden und Löhnen führt. Deshalb ist die Meinung, daß Erweiterungsinvestitionen, d. h. Investitionen zur Produktionsvermehrung, in jedem Falle in einer Phase des booms die Spannungen auf dem Arbeitsmarkt und in der Versorgung mit Konsumgütern verschärfen würden, nur bedingt richtig. Sie gilt nur, wenn die neuen Investitionsgüter zusätzliche Arbeitskräfte für ihre Verwendung oder zu ihrer Erstellung erfordern.

Sie gilt also nicht,
a) wenn die neuen leistungsfähigeren Maschinen mit der gleichen oder gar einer verringerten Zahl von Arbeitskräften bedient werden können,
b) wenn die Maschinen für die Erweiterungsinvestitionen aus dem Ausland eingeführt werden, ohne daß zum Ausgleich dieser Importe ein zusätzlicher Export stattfand,
c) wenn die Investitionsgüter zwar im Inland hergestellt, dabei aber keine zusätzlichen Arbeitskräfte benötigt wurden, weil dieselben Arbeitskräfte entweder leistungsfähigere Maschinen oder sogar mehr leistungsfähigere Maschinen als bisher produziert haben, indem diese Produktion auch ihrerseits mit arbeitssparenden Verfahren erstellt wurde,
d) wenn einzelne im Wirtschaftswachstum führende Branchen in ihrer Expansion zwar über ihre eigenen Produktivitätsfortschritte hinausgehen, aber die von ihnen zusätzlich herangezogenen Arbeitskräfte an anderen Stellen durch Produktivitätsfortschritte freigesetzt und dort nicht genutzt wurden.

---

[10] Fürst, Gerhard: „Die Aussagekraft von Preisindexziffern der Lebenshaltung" in „Wirtschaft und Statistik", Heft 1, 1960.

In allen diesen Fällen wird die Spannung zwischen konjunktureller Nachfrage und Angebot nicht verstärkt, sondern vermindert. Derartige Erweiterungsinvestitionen sollten im boom nicht behindert, sondern eher gefördert werden, weil sie am wirkungsvollsten zur Überwindung von Überhitzungen und zur Fortsetzung des Wirtschaftswachstums beitragen.

C. Ist eine konjunkturpolitische Steuerung der öffentlichen Investitionen der öffentlichen Hand zuzumuten?

Zu der Frage, ob die geforderte konjunkturpolitische Steuerung der öffentlichen Investitionen der öffentlichen Hand zuzumuten ist, ist folgendes zu sagen:

1. Es dürfte nicht zu bestreiten sein, daß öffentliche und private Investoren insgesamt auch bisher realiter nur soviel Investitionsvorhaben durchführen konnten, wie dafür private Unternehmer mit freien Kapazitäten, Arbeitskräften und Material zur Verfügung standen. Soweit die öffentlichen Investoren darüber hinaus Aufträge vergeben haben, um den Verfall bewilligter Mittel zu vermeiden, führten diese zu der berüchtigten Überhitzung, also zu Arbeiter- und Materialmangel, zu einer Verlängerung der Lieferfristen, zu Preisauftrieb und Qualitätsverschlechterung, d. h. zu einer Störung des Wirtschaftswachstums. Falls aber der Tatsache, daß in der privaten Wirtschaft keine freien Kapazitäten zur Verfügung standen, von der öffentlichen Hand Rechnung getragen wurde, bildeten sich auch bisher schon entsprechende Ausgabenreste.

2. Noch bedenklicher als die unerwünschten Auswirkungen des bisher angewandten Verfahrens der Auftragsvergabe in Zeiten eines booms ist es, daß im Falle einer rückläufigen privaten Nachfrage keinerlei Vorsorge getroffen ist, den stets dringenden latenten Investitionsbedarf von immerhin über 25 000 öffentlichen Auftraggebern durch zusätzliche Aufträge ohne Zeitverlust in die freiwerdenden Kapazitäten zu lenken und damit den Konjunkturrückschlag abzufangen.

Bei dem hier vorgeschlagenen Verfahren werden die regional und branchenmäßig auftretenden Beschäftigungseinbrüche automatisch durch die vorsorglich — also ohne Zeitdruck — von den zuständigen Körperschaften beschlossenen Investitionsvorhaben aller Art aufgefüllt werden können.

Damit sollte es möglich sein, das Wirtschaftswachstum von den auch für die öffentlichen Investoren nachteiligen, immer wiederkehrenden boom- oder depressionsartigen Störungen freizuhalten. Bisher verfügten die öffentlichen Investoren in der Phase des booms zwar über ausreichende finanzielle Mittel, konnten aber häufig ihre Investitionsaufträge nicht mehr voll unterbringen oder doch mindestens nur zu überhöhten Preisen und zu ungünstigeren Kapitalmarktbedingungen. In der Phase der Depression konnten sie wegen ihrer rückläufigen Einnahmen die dann reichlich vorhandenen freien Kapazitäten der privaten Unternehmer nicht in wünschenswertem Maße nutzen.

3. Im Hinblick auf die Finanzierungsmöglichkeiten ihrer Investitionen sollten deshalb die öffentlichen Investoren selbst an einer solchen — durch ihr eigenes Verhalten herbeigeführten — Optimierung des Wirtschaftswachstums dringend interessiert sein. Denn nur unter dieser Bedingung können ihre Steuereinnahmen maximiert, ihre Unterstützungslasten minimiert und damit die besten Voraussetzungen geschaffen werden, um ihre Investitionsaufgaben rascher und leichter zu verwirklichen.

4. Im Falle eines booms in einzelnen Bereichen der Wirtschaft oder in einzelnen örtlichen Zentren der Überhitzung müßten die öffentlichen Investoren künftig allerdings einen Teil, aber auch nur einen Teil, ihrer Investitionsvorhaben zeitlich hinausschieben. Bisher mußten sie in einer solchen Situation, um einen Verfall der Haushaltsmittel zu vermeiden, durch Preisüberbietung eine andere öffentliche oder private Nachfrage ausschalten.

5. Es ist einleuchtend, daß bei dem vorgeschlagenen Verfahren die öffentlichen Investoren auf längere Sicht gesehen ihren meist sehr dringenden Investitionsbedarf in größerem Ausmaß als bisher realisieren und leichter als bisher werden finanzieren können, weil sie dazu beitragen, Störungen des Wirtschaftswachstums, d. h. Wachstumsverluste, zu vermeiden.

D. Wie könnte eine Politik eines störungsfreien, optimalen Wirtschaftswachstums durch Steuerung der öffentlichen Investitionen auch für die Koordinierung der Konjunkturpolitik der westlichen Länder genutzt werden?

Könnte eine solche nationale Politik der Optimierung des Wachstums für die internationale Koordinierung der Konjunkturpolitik nutzbar gemacht werden?

1. Eine gleichgerichtete wachstumspolitische Ausrichtung aller beteiligten Länder könnte und sollte das anzustrebende Ziel einer wohlverstandenen konjunkturpolitischen Koordination sein. Eine

solche Politik der Optimierung des Wirtschaftswachstums durch Steuerung der öffentlichen Investitionen käme zugleich auch der Integration der westlichen Länder zugute.

Bei der Optimierung des Wachstums in jedem Land nach dem jeweiligen Potential der Wachstumskräfte wird sich wahrscheinlich in den einzelnen Ländern ein unterschiedliches Wachstum ergeben. Wenn dieses Wachstum jedoch stets mit innerer Geldwertstabilität verbunden bleibt, braucht das unterschiedliche Wachstumstempo zu keinen Spannungen in den Zahlungsbilanzen zu führen. Soweit die wirtschaftliche Entwicklung in allen Ländern einigermaßen ungestört durch Krisen oder boomartige Hypertrophien erfolgt, würde auch eine Infektion gesunder durch kranke Volkswirtschaften innerhalb der jetzt wieder enger miteinander verbundenen Partner der westlichen Welt entfallen.

2. Die vorgeschlagene nationale Steuerung der öffentlichen Investitionen zur Optimierung des volkswirtschaftlichen Wachstums schafft zugleich die Voraussetzung dafür, daß mehr Mittel und Kräfte auch für den Bedarf der Entwicklungsländer verfügbar werden. Man denke nur daran, daß die relativ milde Rezession in den USA für den Staatshaushalt im Jahre 1959 ein Defizit von 12 Mrd. Dollar zur Folge hatte.

E. Liegt die hier vorgeschlagene Steuerung der öffentlichen Investitionen auch im Interesse der privaten Unternehmer?

Weiter ist zu fragen, wie sich die hier vorgeschlagene Steuerung der öffentlichen Investitionen auf die private Unternehmerwirtschaft auswirken würde.

Sollte es gelingen, durch eine kompensatorische Vergabe der öffentlichen Investitionsaufträge das Wirtschaftswachstum störungsfrei zu gestalten, so könnten auch die privaten Unternehmer von der immer wieder auftretenden Sorge befreit werden, daß sich das Wirtschaftswachstum weiter unbeherrscht in unvorhersehbaren Schwankungen vollzieht.

Wenn sie damit rechnen dürften, daß im Falle eines Absinkens der privaten Nachfrage aus dem In- und Ausland die Lücke immer durch öffentliche Investitionen ausgefüllt bzw. daß bei einer Übernachfrage des In- und Auslandes öffentliche Investitionen teilweise zeitlich zurückgestellt würden, dann könnten die privaten Unternehmer auch ihrerseits eine sehr viel stetigere Investitionspolitik treiben als bisher. Damit würde auch von dieser Seite aus ein störungsfreies Wirtschaftswachstum unterstützt.

Mit meinen Anregungen für eine antizyklische oder richtiger kompensatorische Vergabe öffentlicher Investitionsaufträge wollte ich einen Beitrag dazu leisten, die heute in weitesten Kreisen anerkannte Forderung nach einer antizyklischen öffentlichen Finanzpolitik in eine praktikable Form zu bringen. Es ist mir dabei selbstverständlich klar, daß vor dem Versuch der Verwirklichung einer kompensatorischen Vergabe öffentlicher Investitionsaufträge noch eine ganze Reihe von staatsrechtlichen und haushaltsrechtlichen Fragen zu prüfen und zu lösen sein wird. Dies kann jedoch nur von den zuständigen Experten geschehen. Ich möchte deshalb meine Ausführungen mit einem Vorschlag beschließen: nämlich eine Gruppe von Sachverständigen aus den interessierten Ministerien, der Bundesbank und der Wirtschaftsforschung zusammen mit den Spitzenverbänden der öffentlichen und privaten Wirtschaft mit der Prüfung und Ausarbeitung der notwendigen Modalitäten zu beauftragen.

Anlagen

Anlage 1

Gesamtwirtschaftliche Größen in der Zwischenkriegszeit

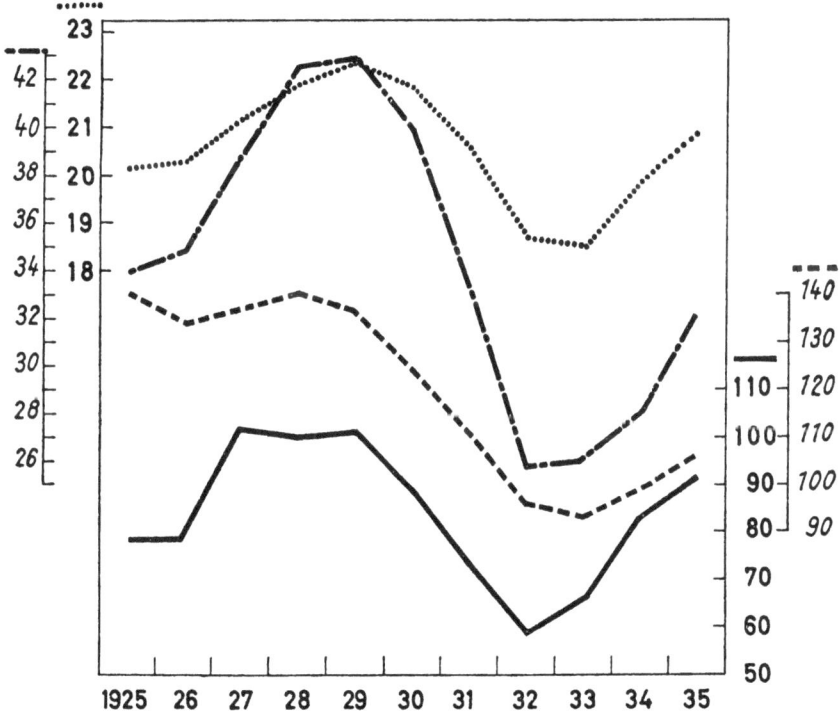

IFO-INSTITUT für Wirtschaftsforschung München

Anlage 2

Gesamtwirtschaftliche Größen in der Nachkriegszeit

— Industrieproduktion (+ Bau) 1950 = 100
- - - Erzeugerpreise industr. Produkte, 1950 = 100
— Erzeugerpreise landw. Produkte, 1950/51=100
—·— Arbeitseinkommen, Mrd. DM
······ Zahl der abhängig Beschäftigten in Mill.

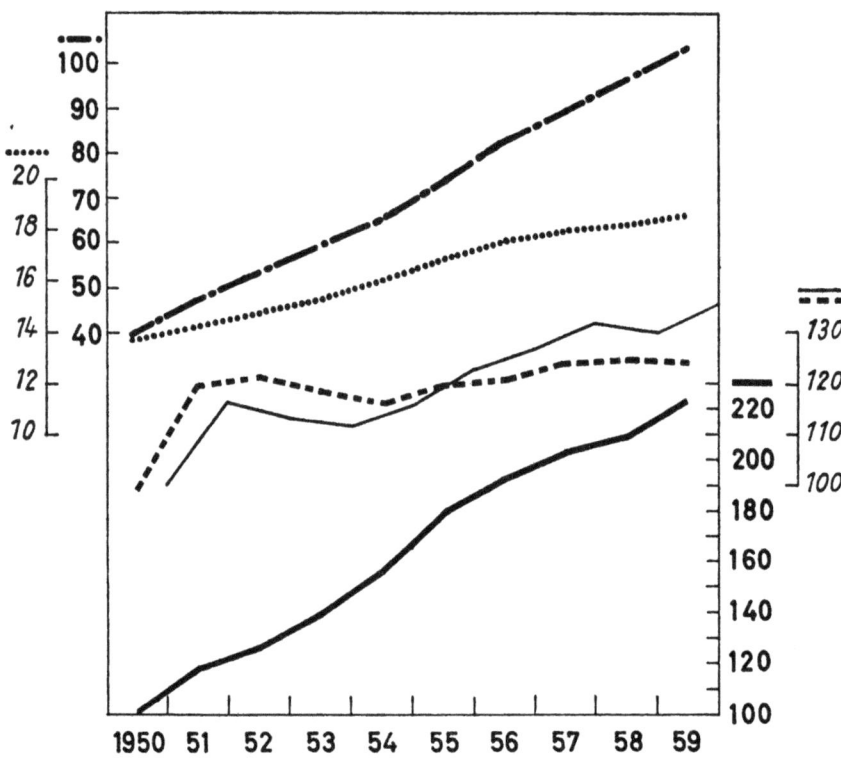

IFO-INSTITUT für Wirtschaftsforschung München

Anlage 3

Die Investitionstätigkeit der öffentlichen Hand in der Bundesrepublik [a) b)]
in jeweiligen Preisen in Mrd. DM

	1952	1953	1954	1955	1956	1957	1958[c)]	1959[c)]
A Eigeninvestitionen der öffentlichen Hand (ohne Verteid.Invest.)								
I. Gebietskörperschaften[d)] u. LAG								
a) Bauten	3,1	3,4	3,8	4,8	5,5	5,5	6,7	7,6
b) Erwerb v. bewegl. Vermögen	0,4	0,5	0,5	0,5	0,6	0,6	0,7	0,7
insgesamt	3,5	3,9	4,3	5,3	6,1	6,1	7,4	8,3
II. Sozialversicherungen	0,1	0,1	0,1	0,1	0,1	0,1	0,1	0,1
III. Bundesbahn u. -post								
a) Bundesbahn	0,9	1,1	1,0	1,6	2,0	2,2	2,2	2,2
b) Bundespost	0,4	0,5	0,8	0,8	0,8	0,8	1,0	1,0
insgesamt	1,3	1,6	1,8	2,4	2,8	3,0	3,2	3,2
Eigeninvestitionen insgesamt	4,9	5,6	6,2	7,8	9,0	9,2	10,7	11,6
B Darlehen der Gebietskörperschaften[e)] und des LAG	3,9	4,3	5,3	5,1	6,1	6,7	6,6	5,8
C Zuschüsse für Investitionen	0,2	0,2	0,4	0,4	0,6	0,6	0,7	0,7
D Eigeninvestitionen, Darlehen, Zuschüsse zusammen	9,0	10,1	11,9	13,3	15,7	16,5	18,0	18,1
E Eigeninvestitionen und mit Hilfe der Darlehen und Zuschüsse ermöglichten Anlageinvestitionen[e)] = vom Fiskus beeinflußbare Investitionen	15,2	16,9	20,5	21,6	25,8	27,5	29,0	27,9
F Übrige Anlageinvestitionen = eigentl. Privatinvestitionen	11,7	13,5	13,7	19,9	20,9	21,1	22,8	30,4
G Gesamte Anlageinvestitionen	26,9	30,4	34,2	41,5	46,7	48,6	51,8	58,3

Quellen: A I = Allgemeine Vorbemerkungen zum Bundeshaushaltsplan der Rechnungsjahre 1958 (S. 36), 1959 (S. 28 ff.), 1960 (S. 22 ff.). — II = Monatsberichte der Deutschen Bundesbank, November 1957, S. 59 und Juni 1959, S. 13. — III a) = Allgemeine Vorbemerkungen zum Bundeshaushaltsplan 1959, S. 217, 1960, S. 163 und Monatsbericht der Deutschen Bundesbank, Juli 1959, S. 28. — III b) = Allgemeine Vorbemerkungen zum Bundeshaushaltsplan 1959, S. 218, 1960, S. 164, und „Die Anlageinvestitionen im westdeutschen Verkehrswesen von 1949 bis 1955" (Heft 13 der Vorträge des Instituts für Verkehrswissenschaft an der Universität Münster), S. 11. — B = Wie A I. — C = Allgemeine Vorbemerkungen zum Bundeshaushaltsplan der Rechnungsjahre 1957, S. 48, 1959, S. 31, 1960, S. 25. — G = Wirtschaft und Statistik, Januar 1960, S. 9 ff., und Statistisches Jahrbuch Berlin, 1959, S. 326.
a) Bundesgebiet ohne Saar, einschl. Westberlin. — b) Angaben über die Investitionen der öffentlichen Hand beziehen sich auf Rechnungsjahre; Angaben über die gesamten Anlageinvestitionen auf Kalenderjahre. — c) Geschätzt. — d) Einschl. Erwerbsvermögen. — e) Der öffentliche Anteil an den mit öffentlichen Darlehen u. Zuschüssen finanzierten Investitionen wurde mit 40 vH angesetzt.

Anlage 4
Die Investitionstätigkeit der öffentlichen Hand in der Bundesrepublik [a)] [b)]
Anteile an den gesamten Anlageinvestitionen in vH

	1952	1953	1954	1955	1956	1957	1958[c)]	1959[c)]
A Eigeninvestitionen der öffentlichen Hand (ohne Verteid.Invest.)								
I. Gebietskörperschaften[d)] u. LAG								
a) Bauten	11,5	11,2	11,1	11,6	11,8	11,3	12,9	13,0
b) Erwerb v. bewegl. Vermögen	1,5	1,6	1,5	1,2	1,3	1,2	1,4	1,2
insgesamt	13,0	12,8	12,6	12,8	13,1	12,6	14,3	14,2
II. Sozialversicherungen	0,4	0,3	0,3	0,2	0,2	0,2	0,2	0,2
III. Bundesbahn u. -post								
a) Bundesbahn	3,3	3,6	2,9	3,9	4,3	4,5	4,2	3,8
b) Bundespost	1,5	1,6	2,3	1,9	1,7	1,6	1,9	1,7
insgesamt	4,8	5,3	5,3	5,8	6,0	6,2	6,2	5,5
Eigeninvestitionen insgesamt	18,2	18,4	18,1	18,8	19,3	18,9	20,7	19,9
B Darlehen der Gebietskörperschaften[e)] und des LAG	14,5	14,1	15,5	12,0	13,1	13,8	12,7	9,9
C Zuschüsse für Investitionen	0,7	0,7	1,2	1,0	1,3	1,2	1,4	1,2
D Eigeninvestitionen, Darlehen, Zuschüsse zusammen	33,5	33,2	34,8	32,0	33,6	34,0	34,7	31,0
E Eigeninvestitionen und mit Hilfe der Darlehen und Zuschüsse insgesamt ermöglichten Anlageinvestitionen[e)] = vom Fiskus beeinflußbare Investitionen	56,5	55,6	59,9	52,0	55,2	56,6	56,0	47,9

Quellen: A I = Allgemeine Vorbemerkungen zum Bundeshaushaltsplan der Rechnungsjahre 1958 (S. 36), 1959 (S. 28 ff.), 1960 (S. 22 ff.). — II = Monatsberichte der Deutschen Bundesbank, November 1957, S. 59 und Juni 1959, S. 13. — III a) = Allgemeine Vorbemerkungen zum Bundeshaushaltsplan 1959, S. 217, 1960, S. 163 und Monatsbericht der Deutschen Bundesbank, Juli 1959, S. 28. — III b) = Allgemeine Vorbemerkungen zum Bundeshaushaltsplan 1959, S. 218, 1960, S. 164, und „Die Anlageinvestitionen im westdeutschen Verkehrswesen von 1949 bis 1955" (Heft 13 der Vorträge des Instituts für Verkehrswissenschaft an der Universität Münster), S. 11. — B = Wie A I. — C = Allgemeine Vorbemerkungen zum Bundeshaushaltsplan der Rechnungsjahre 1957, S. 48, 1959, S. 31, 1960, S. 25. — G = Wirtschaft und Statistik, Januar 1960, S. 9 ff., und Statistisches Jahrbuch Berlin, 1959, S. 326.
a) Bundesgebiet ohne Saar, einschl. Westberlin. — b) Angaben über die Investitionen der öffentlichen Hand beziehen sich auf Rechnungsjahre; Angaben über die gesamten Anlageinvestitionen auf Kalenderjahre. — c) Geschätzt. — d) Einschl. Erwerbsvermögen. — e) Der öffentliche Anteil an den mit öffentlichen Darlehen u. Zuschüssen finanzierten Investitionen wurde mit 40 vH angesetzt.

Printed by Libri Plureos GmbH
in Hamburg, Germany